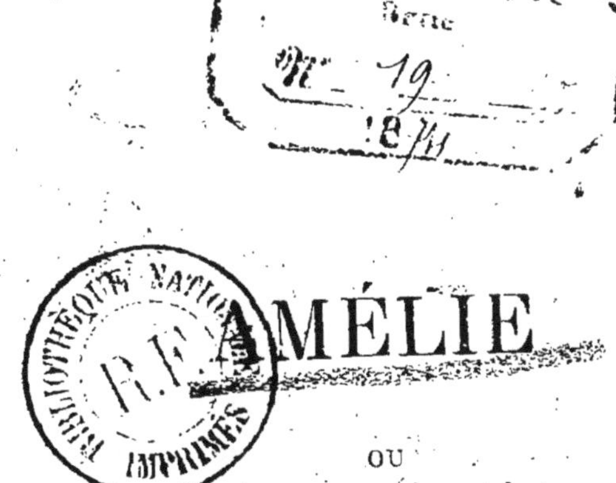

# AMÉLIE

OU

# LES DERNIERS JOURS

D'UNE

# JEUNE POITRINAIRE.

# APPROBATION.

Nous, Charles-Frédéric ROUSSELET, par la miséricorde divine et la grâce du Saint-Siége apostolique, Evêque de Séez.

Sur le rapport favorable qui nous en a été fait, nous approuvons l'ouvrage intitulé : *Amélie, ou les derniers jours d'une jeune Poitrinaire* ; et nous conseillons la lecture de cet ouvrage, non-seulement aux malades, mais encore aux jeunes personnes, et en particulier à celles qui sont dans les pensionnats.

*Fait à Alençon, le 15 Juin 1874.*

† Ch.-Fréd.. *Ev. de Séez.*

# AMÉLIE

OU

# LES DERNIERS JOURS

D'UNE

## JEUNE POITRINAIRE

PAR

L'ABBÉ X***

SÉEZ
TYPOGRAPHIE DE MONTAUZÉ, IMPRIMEUR DE L'ÉVÊCHÉ.

1874.

# Prologue.

—

La jeune Poitrinaire dont nous allons raconter les derniers jours, était à peine âgée de dix-neuf ans !

Elle naquit le 24 Juillet 1855.

Sa famille habite une des villes du Département de l'Orne.

On lui donna, sur les fonts du baptême, le nom d'Amélie.

Elle avait un frère et deux sœurs. La première de ses sœurs l'avait précédée dans la vie, et la précéda dans la tombe : son nom était Alice. La seconde s'appelle Berthe : elle lui survit, ainsi que son frère, et est âgée de treize ans.

A l'âge de sept ans, les parents d'Amélie l'envoyèrent à Falaise et la placèrent chez les Dames de l'Education chrétienne. Une de ses tantes, religieuse dans cet établissement, lui prodigua les soins les plus tendres. L'enfant y répondit par un attachement qui ne se démentit jamais.

Pendant le cours de ses études, elle se distingua par un jugement exquis et par un grand bon sens, qualités précieuses qui l'emportent sur beaucoup d'autres dont l'éclat est plus brillant.

Vers onze ans, elle fut admise à faire sa première communion. Ce fut pour elle un jour du ciel. Elle s'y était préparée de longue main, et comme son cœur était très-pur, sa joie aussi fut très-grande. « Que Dieu est bon ! s'écriait-elle dans dans ses pieux transports : je l'aimerai toujours. »

A partir de cette époque, ses progrès dans la piété furent sensibles. La charité embrasait son âme, et vivifiait ses actions. Quand on lui demandait quelle fin elle s'y était proposée : « La volonté de Dieu, répondait-elle, et le bon plaisir de Notre Seigneur. »

Sans s'en douter, elle était entrée dans la voie royale de la Croix. Elle aimait les pauvres, les orphelins, les délaissés. Y avait-il parmi ses compagnes une élève qui lui semblât plus oubliée que les autres ? il n'en fallait pas davantage pour exciter l'intérêt d'Amélie : c'était à celle-là qu'elle donnait la première place dans son cœur. « Jésus le veut ainsi, disait-elle. C'est aux malheureux qu'il montrait plus de bonté. »

Le néant des choses humaines commençait aussi à lui apparaître. La mort avait pour elle des charmes. Dans une maladie assez grave qu'elle fit à la pension, au lieu de demander le rétablissement de sa santé, elle soupirait après le bonheur de se réunir à son Dieu.

Elle rentra dans sa famille à seize ans.

Elle se fit aimer de tous, parce qu'elle était bonne pour tous. Cependant la meilleure part de ses affections fut pour son père et sa mère, qui tenaient auprès d'elle la place de Dieu. Sa mère surtout, à cause de sa grande piété, avait tout son cœur. Son plus grand plaisir était d'être avec elle. Presque jamais elle ne s'en séparait.

Le bonheur souriait alors à toute cette maison.

Mais les joies de ce monde sont de courte durée.

La mort vint s'installer chez les parents d'Amélie.

Sa première victime fut Alice. Elle expira dans les sentiments de la piété la plus vive.

Le grand-père d'Amélie fut frappé ensuite.

Puis ce fut son tour à elle-même.

Le germe de la maladie qui avait emporté sa sœur ne tarda pas à se révéler. Ses forces s'affaiblirent, et bientôt elle dut s'étendre sur ce lit de douleurs où nous allons la contempler.

Il y avait quelques jours qu'elle en avait pris possession, quand le prêtre qui écrit ces lignes fut mandé auprès d'elle.

La chambre dans laquelle il fut introduit était belle et parfaitement ornée. Deux rideaux blancs encadraient la pâle figure de la jeune malade. Sur son lit, au milieu d'un bouquet de fleurs soigneusement renouvelées chaque jour, était placée une charmante image, qui devait rester là jusqu'à son dernier soupir : c'était une statuette en plastique, représentant l'Enfant Jésus, couché sur une croix, tenant d'une main une couronne d'épines, et de l'autre des palmes.

La piété de cette jeune fille, sa résignation, la sérénité de son visage, l'élévation de ses pensées, les paroles édifiantes qui découlaient de ses lèvres, toutes ces choses étaient de nature à faire une vive impression. Le prêtre comprit qu'il était en face d'une âme d'élite. Rentré chez lui, il prit la plume, rédigea quelques notes, et commença ce journal, qu'il livre aujourd'hui au public.

# LES DERNIERS JOURS D'AMÉLIE.

---

*Mardi, 12 août 1873.*

Je viens de voir Amélie... La maladie a déjà fait de grands ravages.... C'est une fleur que la mort aura bientôt moissonnée.

J'ai voulu cependant lui donner quelque espoir. Mais elle m'a répondu : « Je ne me fais aucune illusion. Je sais que depuis l'enfance je porte en moi le germe de la mort... Ce germe s'est développé... La maladie est déclarée. Bientôt j'irai rejoindre ma sœur. Mais je ne crains pas la mort : au contraire, je la désire ; car j'espère qu'elle me réunira à mon Dieu. »

Quelque temps après, mes yeux se sont fixés sur l'image de l'Enfant Jésus qu'elle a placée au milieu d'un bouquet de fleurs sur son lit. Elle s'en est aperçue, et m'a dit en souriant : « C'est un cadeau de bonne maman. Je Le couche sur des fleurs ; et Lui, Il me couche sur des épines. » Puis elle a ajouté : « Le fort de mon mal est aussi au côté gauche. » Et après un instant de silence : « Si je ne portais pas la couronne d'épines, je ne cueillerais pas les palmes. »

*Mercredi, 20 août.*

Amélie m'a fait demander de nouveau ce matin.

Elle veut communier demain, parce que c'est l'avant-dernier jour de l'octave de l'Assomption.

Après sa confession, elle m'a prié de l'aller voir souvent : « Tous les jours, si c'est possible, a-t-elle dit... La vue d'un prêtre fait à l'âme tant de bien ! »

Je lui ai promis de le faire.

Elle a ajouté : « Vous me parlerez du ciel.

Notre Seigneur a dit que, pour y entrer, il fallait se faire enfant. J'ai réfléchi à cette parole. Il m'a semblé qu'elle voulait dire que nous devons nous jeter dans les bras de Dieu, comme l'enfant dans le sein de sa mère, sans nous inquiéter de rien. Je m'efforce d'en venir là. Que je vive, que je meure, peu m'importe. Je n'ai peur de rien. Dieu fera de moi tout ce qu'il voudra. Je m'abandonne à sa sainte volonté. »

Sa mère est alors entrée.

Amélie désire qu'elle soit sans cesse à ses côtés. « Je l'ai toujours aimée, m'a-t-elle dit. Mais, quelque grand que soit l'amour que je lui porte, je préfère cependant la sainte volonté de Dieu. »

*Jeudi, 21 août.*

J'ai porté la sainte Eucharistie à ma malade.

Elle a voulu la recevoir à jeun.

Sa piété a été si grande, que nous en avons tous été profondément édifiés.

Quand je lui ai présenté la sainte hostie, ses regards se sont portés doucement sur elle. Après la communion, elle a baissé les yeux et est restée comme immobile. Les prières terminées, je me suis approché pour lui dire quelques mots. Elle m'a remercié ; puis me saluant gravement, elle a continué à adorer son Dieu.

La matinée a été mauvaise.

Les crises ont été assez fréquentes.

Pendant qu'elles duraient, son visage était sérieux, sans être triste. Mais quand elles étaient passées, sa gaieté habituelle reparaissait. Elle embrassait alors sa mère et lui disait, le sourire sur les lèvres : « C'est une perle de plus à ma couronne. »

Si les souffrances étaient trop aigües, elle prenait l'image de l'Enfant Jésus, et la baisant avec respect : « Mon Dieu ! s'écriait-elle, donnez-moi la patience. »

Malgré son extrême faiblesse, elle a voulu, dans la soirée, faire un petit bonnet pour un enfant pauvre. L'aiguille s'échappait de ses doigts, et l'ouvrage tombait de ses mains. Elle a jeté de nouveau les yeux sur l'Enfant

Jésus, et elle lui a fait cette prière : « O mon Sauveur, cet enfant, pour qui je travaille, est votre frère : donnez-moi la force de finir mon ouvrage. »

Le soir, quelqu'un a parlé des crises qu'elle avait éprouvées le matin, et s'est mis à la plaindre : « Que voulez-vous, lui a-t-elle répondu ; Notre Seigneur est venu me visiter. Ne devait-il pas me laisser ce qu'il a de meilleur ? sa croix. »

Plus tard, elle a demandé une image de la très-sainte Vierge, l'a couverte de ses baisers, s'est recommandée à elle ; puis elle s'est endormie la tête appuyée sur cette image.

*Vendredi 22 août.*

Aux douleurs de poitrine sont venues se joindre d'autres douleurs, plus cruelles encore. Ce sont des douleurs d'estomac.

Amélie est assiégée d'idées noires. L'avenir l'effraie : elle craint de manquer de courage.

Je lui ai commenté le texte de St. Paul : « Dieu est fidèle : il ne permettra pas que nous soyions tentés au-dessus de nos forces. » Ces paroles l'ont rassurée, et elle a repris confiance.

Dans la journée, un incident a ramené le trouble dans son âme.

Elle parlait du ciel et exprimait l'espoir d'y aller tout droit : « J'y entrerai de plein pied, disait-elle. » Sa grand-mère, qui était présente, lui a fait observer que ce langage était peut-être trop hardi ; qu'il faut être extrêmement pur pour être admis en la présence de Dieu ; qu'on doit prendre garde d'avoir une trop bonne opinion de soi-même. Amélie a été frappée de ces observations. Elle craint qu'un orgueil secret ne l'ait fait parler ; elle a peur d'avoir offensé Dieu en se laissant aller à la présomption.

Vers la fin du jour elle a racheté cette faute, si c'en est une, par le trait d'humilité suivant.

La Religieuse, qui est toujours avec elle, louait le zèle avec lequel Amélie a travaillé hier pour le petit enfant pauvre. « Ah ! ma sœur, a-t-elle répondu, nos bonnes œuvres sont bien peu de chose. Les publier, c'est en perdre le mérite. Ne vaut-il pas mieux les cacher ? »

*Samedi 23 août.*

Amélie raconte ainsi le songe qu'elle a eu cette nuit.

« J'étais sur mon lit. L'image de l'Enfant Jésus était devant moi. Dans le lointain, mes yeux découvraient un palais splendide. Ce palais, c'était le ciel. Deux routes y conduisaient : l'une, plus directe, partait de la croix sur laquelle le saint Enfant est étendu ; elle était très-étroite et très-rude : c'était celle que je suivais. L'autre était éloignée de la croix : elle était plus large et plus riante ; mais elle faisait de longs circuits et d'interminables détours. Alors une personne s'est approchée de moi, m'a considérée pendant quelque temps, puis m'a fait ses condoléances, disant qu'elle me plaignait beaucoup ; que ma situation était très-pénible ; que le chemin était difficile ; que j'aurais bien du mal à arriver. Dans ce moment, l'Enfant Jésus a adressé la parole à cette personne, et lui a dit : « Ainsi, la route de la croix vous effraie ; cependant c'est elle que j'ai suivie. Prenez l'autre, si vous voulez ; mais vous le regretterez plus tard. » Malgré cet avertissement, elle est entrée dans la voie large, et s'est mise à marcher. Elle a voyagé longtemps, bien longtemps ; mais comme le sentier est si tortueux, elle ne faisait aucun progrès, et le palais semblait fuir devant elle ; si bien que la tristesse s'est emparée de son cœur, et qu'elle a commencé à envier mon sort.—Je marchais, en effet, rapidement, et j'approchais du terme. La fatigue ne me paraissait rien, et le bonheur débordait dans mon âme. »

« Faut-il, ajoute-t-elle en souriant, que ce ne soit là qu'un songe ? »

Ainsi la pensée du ciel suit partout cette enfant. Elle charme même son sommeil !

*Dimanche 24 août.*

Crise terrible.... Les douleurs sont extrêmes. Pas une plainte.... Quand ses forces l'abandonnent, elle saisit l'image de Notre Seigneur, et la presse sur ses lèvres.

Il y a eu un moment où la pauvre mère n'a pu contenir son émotion. Elle s'est mise à pleurer. Amélie a vu les larmes qui coulaient de ses yeux ; et avec un accent de tendresse inexprimable : « Mère, ne pleure pas : tes larmes me brisent le cœur. » Je lui ai dit que les larmes soulageaient la douleur de sa mère. « C'est vrai, a-t-elle réparti ; elle a du chagrin... Elle en a beaucoup... Mais, je ne puis la voir pleurer... »

Quand la crise a été passée, on lui a demandé si elle s'était déclarée subitement. « Non, je souffrais beaucoup depuis une heure. » — « Mais, a repris sa mère, pourquoi ne m'as-tu pas avertie. » « Mère, tu m'as dit un jour qu'il y a du mérite à cacher ses souffrances. »

*Lundi, 25 août.*

Elle a demandé à se confesser. « La confession donne des forces, a-t-elle dit, et j'en ai grand besoin. Je souffre beaucoup. Il n'y a que Dieu qui puisse me soulager. »

Et, en effet, son cœur battait péniblement : elle étouffait.

Quelques instants après, elle a levé les yeux au ciel, et surmontant la violence de la douleur, elle s'est mise à chanter :

O régions si belles,
Objets de tous mes vœux !
Ah ! que n'ai-je des ailes
Pour m'envoler aux cieux !

Puis elle a pris sa sainte image, et l'a couverte de baisers. « Mon Jésus,... s'écriait-elle, mon Jésus,... je vous aime,... je vous aime de tout mon cœur... » On l'a engagée à prier tout bas, afin de ne pas se fatiguer. Mais elle a répondu : « Je ne puis me taire... Il ne me suffit pas de penser que je L'aime, il faut que je le dise bien haut... »

Elle a dit à une personne qui faisait l'éloge de sa patience : « De grâce, ne parlez pas ainsi. Ma patience est bien petite, et ma faiblesse bien grande. »

Au moment où sa grand'mère allait la quitter, Amélie lui a fait signe d'approcher. Elle l'a embrassée, et lui a dit tout bas à l'oreille : « Bonne maman, ne pourriez-vous point me donner quelque chose pour un pauvre? » La bonne maman avait oublié son porte-monnaie. « Eh bien ! empruntez à ma mère. Il me faudrait un franc. » L'argent reçu, elle l'a donné à la Religieuse. « Vous le remettrez au pauvre le plus nécessiteux que vous rencontrerez. Vous me recommanderez à ses prières, mais vous ne me ferez pas connaître. »

*Mardi, 26 août.*

C'est demain le dernier jour d'une neuvaine en l'honneur de N.-D. de Lourdes. Que va-t-il arriver ? Est-ce la vie ? Est-ce la mort ? Est-ce la terre ? Est-ce le ciel ? Si la très-sainte Vierge le voulait, Amélie préférerait la mort et le ciel.

Elle a fait ainsi son testament : « J'ai vingt francs dans mon porte-monnaie... Je lègue dix francs aux petits chinois, et dix francs aux pauvres. »

Elle désire communier demain, à jeun, et

non en Viatique, afin de pouvoir encore recevoir son Dieu, après-demain, si la mort paraît proche.

*Mercredi, 27 août.*

Amélie a reçu Notre Seigneur. Elle est au comble de la joie. « Je suis si heureuse, s'est-elle écriée, que je me crois au milieu du Paradis. »

La matinée a été consacrée tout entière à l'adoration, à la prière, et à l'action de grâces.

Chaque jour, sa mère lui fait plusieurs lectures de piété. Ces lectures, dit-elle, la soutiennent et la fortifient. Dans celle d'aujourd'hui se trouvait le trait suivant. Au temps de St. Louis, un grand miracle eut lieu à Paris. Notre Seigneur se montra sous la forme d'un enfant dans la sainte hostie. Le peuple accourait en foule. Le saint roi l'ayant appris : « Pour moi, dit-il, je n'ai pas besoin de voir Notre Seigneur pour croire à sa présence. » Et il resta chez lui. Amélie a dit alors : « J'eusse été plus curieuse, je serais allée voir l'enfant Jésus... Je serais allée le voir pour l'adorer, le bénir et l'aimer. » Dans St. Louis, c'est la foi qui parlait ; dans Amélie, c'est l'amour.

On lui a cité la devise de Ste Madeleine de Pazzi : *Toujours souffrir, jamais mourir*. « Cela est beau, a-t-elle répondu ; mais voici ma devise à moi : *Souffrir et mourir !* Souffrir pour Jésus... mourir pour le voir et l'aimer encore davantage. » Et en disant ces mots, elle tenait étroitement embrassée l'image de l'Enfant Jésus.

Le seul sacrifice auquel son cœur ait peine à se résoudre, c'est celui de sa mère. « Quand Dieu le voudra, dit-elle, je ferai ce sacrifice par amour pour lui ; mais, tant que je vivrai, je veux avoir ma mère à mes côtés... Ma mère ; elle m'aide à souffrir. Sans elle, je n'aurais pas amassé autant de perles pour ma couronne. »

Heureuse la mère dont l'enfant peut tenir un pareil langage ! L'une et l'autre se prêtent un mutuel appui. « Mon cœur est souvent brisé, dit la mère d'Amélie, mais l'exemple de ma fille me soutient. »

Divine religion qui peut fortifier à ce point le cœur d'une mère ! Elle aime son enfant plus qu'elle même ; et elle regarde, d'un visage calme et serein, cette tendre victime qui s'immole entre ses bras ! Jamais elle ne la quitte.

« Courage ! ma mère, lui dit sa chère malade ; « reste toujours avec moi... Je monterai au ciel « la première, et j'irai t'y préparer une place. »

Ce qu'il faut à cette enfant, c'est son Dieu et sa mère. Les visites qu'elle reçoit la touchent peu, quand elles la distraient de ces deux objets. Elle conserve son air aimable et poli envers tout le monde ; mais si la conversation vient à rouler sur des choses vaines et banales, on sent que son cœur n'est pas là. Ses yeux se tournent fréquemment vers l'Enfant Jésus ; et elle semble lui dire : Vous seul, ô mon Dieu ! Vous seul !

*Jeudi, 28 août.*

Par suite de son extrême faiblesse, Amélie éprouve, depuis deux jours, un malaise général accompagné de surexcitation nerveuse. Cet état est pour elle très-pénible. C'est une sorte de martyre. Car, dans les impressions organiques qu'elle éprouve, elle croit voir un manque de résignation à la volonté divine : cette pensée la tourmente et l'inquiète.

Cependant elle continue d'aimer la souffrance, et d'en apprécier le prix. Elle dit à tous ceux qui l'approchent : « La souffrance m'apprend à aimer Dieu. Quand je n'avais rien à souffrir, je m'occupais d'une foule de pensées vaines. Aujourd'hui que la douleur me poursuit sans relâche, je pense à Dieu, à mon âme, au ciel et au bonheur éternel qui m'y est réservé. »

Elle craint de fatiguer sa mère. Pendant la nuit, bien qu'elle soit alors agitée par la fièvre, et épuisée par l'insomnie, elle évite de la réveiller. « Je respecte le repos de ma mère, dit-elle ; mais, à mon tour, je ne laisse pas le Bon Jésus tranquille. »

En effet, il n'y a que Jésus qui puisse remplacer une mère.

Souvent Amélie s'attriste en pensant au malheur de ceux qui vivent éloignés des pratiques religieuses. Elle disait, ce soir, à la Religieuse qui veille à ses côtés : « Oh ! ma sœur, comment se fait-il que tant d'hommes ne pensent pas à leur salut ? Hélas ! quand on songe à l'éternité, à des millions et des millions d'années de bonheur ou de souffrance, comment peut-on négliger une affaire si capitale ! Pauvres gens ! pour moi j'en ai réellement pitié, et j'offre souvent pour eux mes prières et mes souffrances. »

*Vendredi, 29 août.*

Quand on lui a demandé ce matin comment elle allait, elle a répondu : « Je souffre toujours ; mais malgré cela, je suis contente : souvent même je suis joyeuse. La souffrance m'est nécessaire. Quand elle se fait trop vivement sentir, j'appelle l'Enfant Jésus à mon secours : à force de m'entendre, il arrive. Alors je me trouve tout heureuse. »

Elle a dit, en parlant de sa mère : « Le Bon Dieu n'exige point de moi actuellement le sacrifice de ma mère. Ce sacrifice, je veux bien le lui faire à la mort, mais pendant ma vie je veux ma mère auprès de moi. La nuit, elle couche ici, mais je la laisse dormir : le matin, je lui permets d'aller à la sainte Messe ; à midi, je consens à me séparer d'elle, le temps du repas. Le reste du jour, sa présence m'est nécessaire. Si ma mère n'était pas là, il y a longtemps que je ne serais plus. J'ai toujours aimé ma mère, et j'ai toujours souffert quand j'en ai été séparée... J'aime beaucoup grand-maman... Eh bien, quand j'allais passer quelques jours avec elle à la campagne, il y avait un vide dans mon cœur ; je sentais qu'il manquait quelque chose à mon bonheur : la présence de ma mère. Toute petite, je la suivais partout ; et, pour rien au monde, je n'aurais voulu sortir sans elle. Oui, une chaîne d'amour m'attache à ma mère. »

« Et cependant, a-t-elle ajouté, j'aime encore davantage le Bon Dieu. »

Puis, comme pour consoler sa mère : « Je te quitterai, maman ; mais nous nous reverrons bientôt... Ne vas-tu pas commencer à vieillir ? Tu me suivras de près. »

Sa sœur, la petite Berthe, était là. A ces mots : *tu me suivras de près*... son cœur a éclaté, et elle s'est écriée : « Et moi, que deviendrai-je ? » Et elle s'est mise à pleurer à chaudes larmes.

« Ma sœur, ma sœur, ne pleure pas... Mère peut vivre longtemps encore. Je voulais seulement dire que la plus longue vie n'est rien en comparaison de l'éternité. Et puisque dans le ciel il n'y a plus de souffrances, ne puis-je pas espérer y voir bientôt ma mère, et toi, et notre bon père, et notre cher frère? Oh! quelle fête nous ferons quand nous serons tous réunis ! »

Quelques temps après, elle a dit encore : « J'ai parfois d'étranges idées ; mais je les crois justes : J'aime mieux un enterrement qu'un mariage... J'entends un enterrement de bon chrétien. Le mariage c'est souvent le commencement de bien des peines... L'enterrement, au contraire, est le commencement du bonheur sans fin... »

En effet, lorsque Amélie se portait bien, elle aimait à assister aux cérémonies funèbres ; et il n'allait pas un cortége au cimetière, qu'elle n'ouvrît sa fenêtre pour le voir passer.

*Samedi, 30 août.*

La toux a déchiré sa poitrine durant toute la nuit, et un violent mal de tête l'a accablée.

Ce matin, elle a dit qu'elle était parfois tentée de pleurer, et qu'il lui semblait que les larmes la soulageraient. Comme on l'engageait à les laisser couler : « Non, non, a-t-elle repris ; ma position est trop belle pour pleurer... »

Elle a pensé aujourd'hui à l'Extrême-Onction : « Quand je souffre trop, j'ai peur de mourir sans sacrements... C'est là mon cauchemar... Je crains de partir sans avoir pris mon Viatique. »

Tantôt, une dame, amie de sa famille, est venue la visiter. Amélie lui a dit : « Je souffre beaucoup ; mais ces souffrances que j'endure ne sont point perdues : c'est mon Purgatoire que je fais, et le Paradis que je gagne. »

Il y a dans toutes ses paroles comme un parfum du ciel. Un prêtre, revenant de la retraite pastorale, a voulu la voir. Il a raconté que le prédicateur, Mgr Mermillod, avait, en parlant du bonheur des saints, produit une si grande impression, que des applaudissements avaient éclaté dans tout l'auditoire. Amélie s'est contentée de faire cette réflexion : « Si le ciel nous ravit sur la terre, que sera-ce quand nous y serons ? »

Ainsi toutes ses pensées sont tournées vers le ciel.

Mais elle sent qu'il lui reste encore quelque chose à souffrir. « Le ciel, dit-elle, s'emporte d'assaut. Je veux l'enlever. Mais quoique j'aie déjà beaucoup souffert, je sens que ma couronne n'est pas encore prête. »

Chose étrange ; mais qu'on retrouve quelquefois à l'approche de la mort dans la vie des saints, par exemple, dans celle de St. Martin ; le démon essaie de troubler le calme dont elle jouit : « Que le démon est méchant ! La nuit dernière ne me disait-il pas : « A quoi te serviront tes souffrances ? Quand tu seras morte, ton esprit s'en ira en fumée, tandis que ton corps sera réduit en poussière. » C'est toujours la nuit, a-t-elle ajouté, qu'il vient me tenter.

Heureusement, Jésus est là pour me défendre. C'est lui qui m'a suggéré cette réponse que j'ai faite à Satan : « Va : mon âme est un esprit, et un esprit ne peut pas se dissoudre ; il est immortel comme Dieu lui-même. Toi, que les flammes consument depuis si longtemps, est-ce que tu t'en vas en fumée ? » Ces paroles l'ont couvert de confusion, et il s'est enfui.

*Dimanche, 31 août.*

La malade pense qu'il lui reste peu de jours à vivre. Elle veut se préparer à son éternité, et demande de nouveau la sainte Eucharistie.

Elle m'a dit :

« J'espère avoir encore assez de forces pour communier à jeun. Je vous prierai de m'apporter le Bon Dieu, non pas demain, car nous aurons du monde, mais après-demain : ce jour-là, rien ne viendra me distraire. Quand je communie, je veux être seule et tout entière à Dieu. »

« Dans quelques jours, a-t-elle ajouté, je vous demanderai l'Extrême-Onction, et, peu de temps après, le saint Viatique. »

Comme je lui disais que rien ne pressait encore : « Ne croyez pas, m'a-t-elle répondu, que je me tourmente. Non. Je suis très-calme. Je quitte le monde sans regret... Il y a plus : si je venais à me rétablir, il me semble que je verserais quelques larmes. Plus tard, il faudrait recommencer à tresser ma couronne... Maintenant elle est prête. Ne vaut-il pas mieux en finir ? »

*Lundi 1er septembre.*

Sa grand'mère est venue la voir. Elle avait eu d'abord la pensée de faire partie du pèlerinage qui s'organise pour Lourdés ; et elle y avait renoncé ensuite, à cause de l'état où se trouve sa petite-fille. Celle-ci a voulu qu'elle exécutât son dessein. « Allez voir Notre-Dame à Lourdes, lui a-t-elle dit ; ce voyage vous fera du bien. Moi, j'en ferai un autre : j'irai La voir au ciel. »

Sa résignation est parfaite. « Si le bon Dieu me guérit, que sa volonté soit faite ; s'il m'appelle, tant mieux. A vrai dire, j'aime mieux mourir... Ma couronne est faite. Je crains de la perdre... D'ailleurs, les choses du temps vont mal ; je n'entends parler que de malheurs. Dans le ciel, il n'y a rien à redouter. »

Elle a répondu à une personne qui lui disait de prendre des aliments très-nourrissants : « Je mets ce conseil en pratique, et je suis vraiment honteuse d'en faire tant pour un pauvre corps qui n'est que misère, et qui, dans peu, ne sera que pourriture. »

Pour elle, la bénédiction du prêtre, c'est la bénédiction de Dieu. Elle a voulu que je lui donnasse la mienne avant mon départ, toutes les fois que je vais la voir. Alors elle s'incline, fait le signe de la croix, et ouvre son cœur à l'effusion de la grâce. Aujourd'hui, je sortais sans penser à satisfaire son pieux désir. Elle me l'a fait remarquer. Aussitôt, étendant la main, j'ai prononcé ces paroles : « Que Dieu tout-puissant, Père, Fils et St. Esprit, vous bénisse. » Je voudrais pouvoir peindre sa piété. On eût dit un ange prosterné devant Dieu.

*Mardi, 2 septembre.*

J'ai porté ce matin la sainte communion à Amélie.

Elle l'a reçue avec un sentiment profond de la présence réelle de N. S.

Je savais qu'elle désirait rester seule avec son Dieu. Je me suis contenté de la bénir. Puis, je me suis retiré.

*Mercredi, 3 septembre.*

Elle me dit, dès que j'ai été entré : « Vous n'êtes pas venu me voir hier au soir. J'y ai beaucoup perdu : je n'ai pas reçu votre bénédiction. » — « Mais, je vous avais bénie le matin. » — « C'est vrai ; mais je tiens surtout à la bénédiction du soir ; elle m'est si utile pour supporter les douleurs de la nuit ! »

Les maux d'estomac sont continuels. Elle prévoit de nouvelles souffrances. « J'ai pleuré aujourd'hui pour la troisième fois. Mais, que je pleure ou non, je suis toujours parfaitement résignée. »

Elle raconte que le démon l'a encore tentée la nuit dernière. « Il m'a dit : Perds patience ; tu souffriras moins. A quoi bon t'obstiner à vouloir souffrir ? » Mais, de son côté, le bon Jésus m'encourage : « Encore quelques jours, me dit-il, et tu seras satisfaite. » Oh ! comme alors je suis heureuse ! »

*Jeudi, 4 septembre.*

On parlait hier d'un incendie qui avait mis en émoi toute la ville. « Pour moi, dit Amélie, le feu ne m'épouvante pas. Je ne songe même pas aux flammes de l'enfer : je ne pense qu'au ciel ! »

Les tentations continuent. « Le méchant me représente les douleurs de l'agonie. Il me dit que je n'aurai jamais la force de les supporter. Mais j'espère bien, avec la grâce de Dieu, repousser toutes ses vaines suggestions. »

« Il est vrai, a-t-elle repris, que je souffre

tantôt avec joie, et tantôt avec tristesse. Mais, quand je sens la joie de l'amour, je ne crois pas aimer Dieu plus que dans la tristesse et la désolation. »

*Vendredi, 5 septembre.*

Elle désire ardemment communier le jour de la Nativité de la très-sainte Vierge, et, si la mort paraît proche, recevoir l'Extrême-Onction et le saint Viatique.

Elle parle de sa mort comme d'une fête, et du Viatique comme d'un festin de noces.

Une toux continuelle déchire sa poitrine. Une fièvre brûlante la dévore. Résignée et souriante : « Tout cela, dit-elle, formera mon avant-garde. J'espère que, à la suite, j'entrerai bientôt au ciel. Père, mère, frère, sœur, vous serez l'arrière-garde. Vous viendrez me rejoindre là-haut ! »

Ce soir, elle a laissé échapper ce secret : « Il y a deux ans que je souffre. J'avais demandé à Dieu de souffrir toujours un peu. Il a exaucé ma prière ; car j'ai été rarement sans souffrir. Mais, depuis quelques jours, la dose est doublée et triplée : j'ai reçu plus que je n'avais demandé. Je suis donc tenue à plus de reconnaissance. »

Puis, avec un air radieux : « J'en ai le pressentiment. La fin approche... tant mieux... Grâce à Dieu, je suis complétement détachée de la vie et de ses vanités... Oui, je veux mourir pour aller voir mon Dieu. »

*Samedi, 6 septembre.*

Le Ciel... Le Ciel... Toujours le Ciel ! Que de fois elle a dit avec une expression de bonheur impossible à décrire : « Oh ! parlez-moi du Ciel ! »

En lui parlant, je m'étais servi de cette expression : « Ma pauvre enfant ! » Quand j'ai été parti, elle a dit à sa mère : « Ce nom ne me convient pas. Jamais je ne fus plus riche. Je souffre, il est vrai. Mais j'ai le Ciel devant moi ! »

Sa tante pleurait un petit enfant que la mort

venait de lui ravir : « Quoi ! tu pleures, lui dit Amélie ; tu pleures ce petit ange qui vient de s'envoler au ciel ! Va, quand je serai dans le Paradis et que je rencontrerai ton Chérubin, je lui dirai que tu t'affliges de son bonheur ! »

*Dimanche, 7 septembre.*

« Que Dieu est bon ! Quand j'ai bien souffert, Il me rend joyeuse... Je désire encore souffrir davantage... Hier, j'ai eu une mauvaise journée. Eh bien ! le soir venu, je me suis trouvée si heureuse, que s'il avait fallu la recommencer, je l'aurais fait très-volontiers. C'est ma meilleure journée. »

La joie dans la souffrance, c'est la perfection de l'amour !

Elle ne peut s'empêcher de faire part de son

bonheur à tous ceux qui l'entourent. Tantôt elle disait à son père. « Oh ! mon père, que je suis heureuse ! Je n'aurais jamais cru qu'il fût si doux de souffrir pour le bon Dieu... Le bonheur que je ressens, mon cher père, tu ne peux pas te le figurer. C'est incompréhensible... »

Le démon redouble ses efforts : « Tu souffres, m'a-t-il dit, et tu n'es pas au bout de tes peines : tu as peut-être encore des années à gémir dans ta position. Va, tu n'es pas au Ciel. » Elle a saisi le Crucifix, et le pressant sur son cœur : « Jésus ! » s'est-elle écriée. La joie et la sérénité sont aussitôt rentrées dans son âme.

Elle a demandé les derniers sacrements. Elle les recevra demain, jour de la Nativité de la Sainte Vierge.

*Lundi, 8 septembre.*

Amélie a reçu le saint Viatique et l'Extrême-Onction.

« C'en est fait, s'écrie-t-elle ; je n'ai plus rien à craindre ni à désirer en ce monde. »

La nuit a été employée à se préparer.

D'abord elle a dit à sa mère : « Que mon père ne s'en aperçoive pas. Je connais sa sensibilité. Je craindrais de le désoler. Mais, toi, ma mère, tu n'en seras pas affligée, n'est-ce pas ? Puis, quand je serai au ciel, il ne faudra pas te laisser abattre par la tristesse. Mes peines seront finies. Je nagerai dans la joie. »

Ensuite elle s'est tournée vers Dieu, lui offrant le sacrifice de sa vie, lui consacrant ses dernières douleurs, et lui demandant la grâce d'expirer dans son saint amour.

A chaque instant, elle demandait : « Quelle heure est-il ? »

Voyant approcher l'heureux moment, elle a récité les actes avant la communion.

Elle a reçu la sainte Eucharistie et l'Extrême-Onction avec une ferveur angélique.

Je lui ai demandé comment elle se trouvait. Elle a dit : « Oh ! très-heureuse, très-heureuse ! »

Dans le courant de la matinée, sa grand'mère et sa tante sont venues la voir. Elle leur a fait part de son bonheur : « Oh ! si vous saviez comme je suis heureuse !... On m'a donné ce matin les derniers sacrements. Je suis prête... Je n'ai peur de rien... Le croiriez-vous ?... J'aspire à souffrir... Je ne suis bien contente que quand le bon Dieu me fait souffrir... Lorsque je ne souffre pas, il me semble que je n'ai plus rien à lui offrir. »

Elle a ajouté :

« Après ma communion, je me croyais au ciel, je courais çà et là à travers le Paradis. Je voyais grand'papa ; Alice venait à ma rencontre : elle m'encourageait à souffrir. Et moi, je lui disais: « Ma sœur, tout est bientôt fini pour moi sur la terre. Oh ! donne-moi la main. Viens me chercher, afin que je sois toujours avec Dieu et avec toi. »

Puis, avec un accent de tristesse : « Faut-il

que je sois retombée sur la terre ! Quand serai-je pour toujours dans le ciel ! »

Sa grand'mère, craignant qu'elle ne se fatiguât, a voulu changer la conversation. Elle a parlé d'un accident arrivé aux environs. Un jeune homme avait été, après une courte maladie, enlevé à l'affection de sa famille. « C'est un grand malheur, a dit une des personnes qui se trouvaient présentes. » « Oui, a répondu Amélie, pour les parents, s'ils ne sont pas bons chrétiens ; mais, pour le jeune homme, s'il était préparé, c'est un grand bonheur ! »

Rien en ce monde ne paraît plus la toucher. Sa grand'mère lui parle encore de son projet d'aller à Lourdes en pèlerinage. « Allez donc, bonne maman, allez. Je vous l'ai déjà dit : Vous verrez l'image de Marie ; moi, je verrai Marie elle-même. »

*Mardi, 9 septembre.*

« Que cette enfant est admirable au milieu de ses souffrances ! » disait aujourd'hui une personne en sortant de chez Amélie.

Rien de plus beau, en effet, que les sentiments qui l'animent.

Dans un moment de calme, on l'a entendue s'écrier : « O mon Jésus, mes douleurs ont cessé ; mais j'espère qu'elles vont recommencer bientôt. » Et elle pressait sur son cœur sa chère image de l'Enfant Jésus.

A peine peut-elle se mouvoir du coté gauche.

« Voilà, dit-elle, une moitié de mon corps déjà morte ; l'autre mourra bientôt aussi. »

A chaque fête de la très-sainte Vierge, elle porte vers le Ciel des regards d'envie. La fête passée, quand elle voit que son exil se prolonge, elle en ressent plus vivement les douleurs. « Il y a huit jours, je disais à la Sainte Vierge : Ma bonne Mère, puisque je dois bientôt mourir, je serais heureuse d'aller fêter votre naissance avec les saints dans le ciel. Le jour venu, après avoir eu le bonheur de recevoir les derniers sacrements, je me demandais ce que la Ste Vierge allait faire. Je comptais une à une les heures de la nuit. Enfin, j'ai demandé à ma mère quelle heure il se faisait : « Minuit cinq minutes, m'a-t-elle répondu. » Ah ! me suis-je écriée, me voilà restée encore cette fois ! »

*Mercredi, 10 septembre.*

Amélie se plaît à relire les lettres qu'elle a reçues depuis quelque temps de sa tante la religieuse. « Je l'aime beaucoup, dit-elle. Je me rappelle les vacances qu'elle passa au milieu de nous, il y a quelques années. Dans ce temps-là, la mort n'avait pas encore pénétré dans notre famille. Je me souviens en particulier d'un repas champêtre que nous fîmes tous ensemble dans une ferme de mon oncle. Alors, Alice était là, et bon papa aussi. Après-dîner, nous allâmes à la pêche : nous eûmes du plaisir !... Aujourd'hui, tout cela est passé ; la mort est venue... Alice est partie, bon papa l'a suivie, et il n'est plus de plaisir pour nous... Eh bien ! tant mieux... Si tout passe ici-bas, au ciel, rien ne passera... Nos joies seront durables, et tous les jours nous serons en fête. »

Je l'ai laissée sous cette impression. Sa mère, en me reconduisant, m'a raconté que, dans la journée, le visage d'Amélie avait un moment rayonné d'une joie extraordinaire. Elle lui en avait demandé la cause, et en avait reçu cette réponse : « Mère, je ne saurais te le dire... C'est un avant-goût du ciel. »

*Jeudi 11, et Vendredi 12 septembre.*

Affaiblissement sensible... Toux de plus en plus opiniâtre... Ne pouvant parler, elle se contente de sourire. Elle baise souvent l'image de l'Enfant Jésus.

Afin de consoler sa mère, elle lui a dit :

« Courage, ma mère... Bientôt, toi aussi, tu entreras au Ciel... Nous viendrons à ta rencontre Alice et moi... Quelle belle couronne tu auras pour avoir donné deux grandes filles au bon Dieu ! »

*Samedi, 13 septembre.*

Toujours le désir du Ciel !

Comme on parlait d'appeler le médecin : « Plus de médecin, ma mère, je t'en prie... Je ne veux point que l'on prolonge ma vie... Je n'y gagnerais pas... Ce seraient quelques jours, pour moi, pendant lesquels je ne verrais pas le Bon Dieu. »

Puis elle a ajouté : « Je ne sais ce qui va m'arriver ; mais je m'attends un peu partir le jour de l'Octave. Voyant que la Ste Vierge ne m'a point exaucée le premier jour, je l'ai priée de m'appeler à Elle le dernier. Je dis cela tout bas ; je n'ose pas en parler à maman, de peur de la contrister. »

*Dimanche, 14 septembre.*

Nuit très-mauvaise. Elle a encore demandé à recevoir la sainte communion ce matin.

Voici la raison qu'elle en donne : « J'en ai besoin. Sans mon Jésus, je n'y tiendrais pas... Ce qu'il m'envoie est rude... »

Puis elle ajoute : « Plus il m'éprouve, plus je dois l'aimer. »

*Lundi, 15 septembre.*

Elle a vu couler les larmes de sa mère. Son cœur en a été ému.

« Mère, pourquoi ces pleurs ? »

La mère lui ayant répondu que c'était parce qu'elle la voyait souffrir : « Il est bien juste que je souffre pour expier mes péchés, et aller au ciel. »

*Mardi, 16 septembre.*

L'Octave de la Nativité de Marie est terminée. Amélie vit encore... On lui suggère ces paroles : « Mon Père, que votre volonté soit faite, et non pas la mienne. » « C'est vrai, répond-elle ; mais vous, vous parlez à l'aise : vous comptez rester ici quelque temps ; et moi, il me tarde de partir. »

On lui cite ces paroles d'un saint : « Si les Bienheureux pouvaient avoir quelque déplaisir au Ciel, ils regretteraient de n'avoir pas souffert davantage en voyant la récompense qu'ils auraient acquise, et le degré de gloire auquel ils seraient parvenus en si peu de temps. » « Pour moi, dit Amélie, une fois entrée dans le Ciel, je ne demanderai point à en sortir. Lorsqu'on a vu Jésus, il est impossible de le quitter. »

*Mercredi, 17 septembre.*

Les souffrances de la nuit ont été cruelles.

La vue de l'Enfant Jésus, étendu sur sa croix, a soutenu son courage : « Je l'ai embrassé tant de fois, dit-elle, que je suis enfin restée maîtresse du champ de bataille. »

Comme sa mère lui reprochait de ne l'avoir pas appelée à son secours : « Je me suis arrangée toute seule avec Notre Seigneur. »

Dans la matinée, elle a chanté, à plusieurs reprises, son refrain accoutumé :

O régions si belles,
Objet de tous mes vœux !
Ah ! que n'ai-je des ailes,
Pour m'envoler aux cieux !

Une pensée l'inquiète : « Ma grand'mère est à Lourdes... Elle prie pour moi... Si sa prière allait être exaucée !.. Il faut, ajoute-t-elle, que j'en aie de toutes les sortes ! »

*Jeudi, 18 septembre.*

Elle aime à méditer les prières du Viatique et de l'Extrême-Onction, et à renouveler ainsi chaque jour le fruit de ces deux sacrements. Tantôt, après cet exercice, elle a dit à la Religieuse : « Je voudrais bien aller dans le jardin ! » — « Et pourquoi, lui a dit la Sœur ? » — « Parce que si je pouvais sortir et revenir ensuite dans ma chambre, ce serait une rechute, et je voudrais recevoir une seconde fois l'Extrême-Onction. »

*Vendredi, 19 septembre.*

On lui écrit qu'elle pourra peut-être se rétablir. « Que la volonté de Dieu soit faite, dit-elle, et non pas la nôtre... Pour moi, j'aimerais mieux mourir... Mais quoiqu'il arrive, mon parti est pris : je me tiendrai toujours prête. Jamais je ne garderai rien sur ma conscience qui m'empêche d'aller à Dieu tout droit. »

*Samedi, 20 septembre.*

La nuit a été très-mauvaise... Les crises ne cessaient pas... elles étaient affreuses...

Plusieurs fois on a cru que la mort était imminente.

« Hélas ! dit-elle, c'était une fausse joie... J'espérais partir... Il me semblait que le Ciel s'entr'ouvrait pour me recevoir... Et je suis encore sur la terre !... »

*Dimanche, 21 septembre.*

Ses yeux ont aperçu, dans l'armoire entr'ouverte, une très-belle robe qu'elle n'a pas encore étrennée. Et voici comment elle rend compte de son impression : « Le Démon m'a dit : « Tu la porteras au printemps... » Mais je lui ai répondu : « J'ai une autre robe brodée de diamants... Je puis me passer de ton chiffon. »

Parlant ensuite de l'amour qu'elle avait eu autrefois pour la parure : « Je n'étais pas heureuse alors. Je priais Dieu de me détacher de la toilette avant ma mort. Il m'a fait cette grâce. Hélas ! comment peut-on si bien parer un pauvre corps qui doit pourrir ! On passe une partie de son temps à s'arranger l'extérieur, et l'on ne trouve point le temps de s'occuper du Bon Dieu... Puis la mort arrive... et il faut paraître devant Lui ! »

*Lundi, 22 septembre.*

Ses forces sont épuisées.

Cependant elle est souriante et calme. « Le Ciel ! s'écrie-t-elle. Le Ciel ! je ne puis vous dire ce que j'éprouve, lorsque j'y pense... Cela me transporte... Quand donc mon âme prendra-t-elle son vol pour y monter ! »

*Mardi, 23 septembre.*

Tantôt elle a jeté un coup d'œil par la fenêtre.

Le ciel était très-beau ; aucun nuage n'en ternissait l'éclat.

Son regard semblait plonger au fond du firmament. Son âme, franchissant tous les espaces, s'était envolée jusqu'au séjour où Dieu découvre sa gloire aux bienheureux.

Elle était silencieuse, pensive et comme ravie.

Enfin ces mots sont tombés de ses lèvres : « Mon Dieu, qu'il y fera bon ! »

*Mercredi, 24 septembre.*

Aujourd'hui, crise terrible...

Elle a dit à sa mère : « Si Dieu ne me soutenait, il suffirait de ton petit doigt pour me jeter dans l'Eternité. »

Puis, elle a ajouté avec l'Apôtre S. Paul : « Je puis tout en Celui qui me fortifie. »

Pour montrer à Dieu plus de générosité, elle lui a demandé la grâce de souffrir sans que la sérénité de son visage en soit altérée. Elle veut dominer la douleur, et associer son corps à la joie de son âme.

*Jeudi, 25 septembre.*

Elle continue de parler du Ciel. Elle espère qu'elle y entrera bientôt, et nous promet le secours de ses prières.

« Ne nous oubliez pas, » lui a dit quelqu'un. « Quoi ! vous oublier ! a-t-elle réparti. Et quand même je le voudrais, je ne le pourrais pas... On oublie sur la terre ; mais au ciel, on se souvient toujours. »

Son père lui a fait part d'une œuvre de charité qu'il vient d'exercer envers un pauvre : « Savez-vous, mon père, ce que vous avez fait là ? C'est une partie de votre purgatoire. » – « Et toi, ma fille, penses-tu à faire le tien ? » — « Oui, mon père ; bientôt il sera terminé. » — « Mais, chère enfant, n'est-ce pas aussi, pour moi, faire mon purgatoire que d'avoir donné deux grandes filles au Bon Dieu ? » — « Oui, mon père, mais à la condition que vous lui offrirez votre sacrifice ; autrement vous n'aurez aucun mérite. »

*Vendredi, 26 septembre.*

O ma patrie !
O mon bonheur !
Toute ma vie,
Sois le vœu de mon cœur !

Tel a été ce matin le chant d'Amélie.

Aujourd'hui, elle a dit à sa mère : « Eh bien ! ma mère, me voilà donc toute à l'heure rendue au ciel... dans le sein de Dieu... Oh ! quel bonheur !... »

*Samedi 27, Dimanche 28, fête de N.-D. de Pitié.*

La gorge est prise ; les jambes sont enflées mais l'expression du visage est toujours la même. Elle a dit à sa mère : « Quand on souffre pour Dieu, les souffrances sont bien légères. Si je n'avais pas l'amour de Dieu au cœur, je souffrirais comme une damnée. Avec l'amour, je souffre ; mais mes souffrances sont faciles à supporter. »

*Lundi, 29 septembre.*

La journée a été assez calme.

Amélie en est presque affligée : « Quand les douleurs cessent, dit-elle, je n'ai rien à offrir à Dieu. Mais lorsqu'elles redoublent, je puis lui montrer mon amour, et mériter pour le ciel ! »

*Mardi, 30 septembre.*

« Me voilà encore sur la terre ! »

« Avant-hier, j'ai beaucoup prié N.-D. de la Compassion. Je l'ai conjurée d'avoir pitié de moi, et de m'attirer au Ciel. Hélas ! elle ne m'a pas exaucée. »

« Me voilà encore sur la terre ! »

« Quand donc, ô mon Dieu, serai-je avec vous ? »

Telles sont les pensées qui l'ont occupée aujourd'hui.

*Mercredi 1 et Jeudi 2 octobre.*

Les souffrances deviennent de plus en plus vives. Mais elle ne s'en effraie pas.

« Ma mère me disait tantôt de vendre ma position, si je trouvais à qui la céder. Mais à Dieu ne plaise que je fasse un tel marché : j'aurais la santé ; mais je perdrais ma couronne... Oh ! non, je ne ferais pas ce marché pour tout l'or du monde. »

Elle tenait dans ses mains un de ces gros chapelets que les pèlerins avaient apportés de

Lourdes : « Je m'en sers, dit-elle, contre le Purgatoire. » — « Mais, vous n'avez pas la force de le réciter ? » — « Pardon. Voici comment je m'y prends. Sur la croix, je dis le *Souvenez-vous* ; sur les gros grains : *Doux Cœur de Marie, soyez mon salut ;* et sur les petits : *Bénie soit la sainte et Immaculée-Conception de la bienheureuse Vierge Marie !* Pourvu que j'aie des indulgences, n'est-ce pas tout ce qu'il me faut ? »

*Vendredi, 3 octobre.*

Amélie a reçu, dans le courant de la journée, la visite de sa grand'mère, de son oncle, et de sa tante. Quand le moment du départ a été arrivé, elle leur a fait ses adieux en ces termes : « Il est probable que nous ne nous reverrons plus sur cette terre. Je vous donne rendez-vous au Ciel ! J'y entrerai la première. Et quand une fois vous serez venus me rejoindre, nous ne serons plus jamais séparés. Oh ! alors que de bonheur ! »

*Samedi 4, Dimanche 5, et Lundi 6 octobre.*

Samedi, veille de la fête du St. Rosaire, Amélie a manifesté le désir de communier le lendemain. « Après avoir reçu J.-C., je prendrai plus facilement mon essor vers le Ciel. Heureuse, si je pouvais enfin aller me reposer dans le sein de Dieu ! »

Hier, je lui ai porté la sainte communion. Bien des fois elle dit à N. S. : « Quand est-ce que vous m'appellerez auprès de vous ? »

Aujourd'hui, à peine étais-je entré, qu'elle

m'a adressé ces paroles : « Hélas ! le bon Dieu m'a encore laissée sur la terre ! »

*Mardi 7 et Mercredi 8 octobre.*

On lui parle des cérémonies qui viennent d'avoir lieu à Séez, à l'occasion de la fête jubilaire de Mgr l'Evêque ; des prélats qui étaient présents ; des prêtres si nombreux qui formaient le cortége ; de la multitude des pèlerins ; de leur piété ; des chants ; de la musique ; de l'enthousiasme qui s'était emparé de tous les assistants.

Amélie prête une oreille attentive.

Puis, quand le récit est terminé : « Les fêtes du Ciel seront encore plus belles ! »

*Jeudi 9, Vendredi 10, et Samedi 11 octobre.*

« Je voudrais bien partir ; je voudrais bien aller voir le bon Dieu ! »

Aujourd'hui samedi, elle a communié.

Puis elle a chanté cette strophe :

De ton flambeau déjà les étincelles,
Astre du jour, raniment mes désirs ;
Tu renouvelles
Tous mes soupirs.
Servez mes vœux, avancez mes plaisirs :
Anges du Ciel, portez-moi sur vos ailes.

Pendant qu'elle chantait, ses yeux regardaient le Ciel et y demeuraient attachés.

*Dimanche, 12 octobre.*

Le visage est profondément altéré... Ses forces sont épuisées... L'âme conserve sa vigueur... En voyant sa mère en larmes, elle lui a dit : « Oh ! ma mère, je t'en prie, ne pleure pas mon bonheur ! »

Une petite poitrinaire, que la mort consume peu à peu comme elle, excite sa compassion. Elle s'en informe souvent auprès de la Religieuse.

*Lundi 13, et Mardi, 14 octobre.*

Au milieu de ses crises, elle saisit le crucifix, et le couvre de baisers. « Sa vue me rend plus forte. Il a souffert pour moi : il est bien juste que je souffre pour lui. »

Cependant, elle a peur de perdre patience. « De grâce, venez me chercher, mon Jésus ! » s'écrie-t-elle sans cesse.

Dans la crainte que les prières de sa mère ne la retiennent plus longtemps sur la terre, elle lui dit : « Mère, je t'en supplie, ne demande pas à

Dieu de prolonger ma vie. J'ai soif de le posséder. »

*Mercredi, 15 octobre.*

Elle soupire plus que jamais après Dieu. « Il me faut le Bon Dieu, comme à l'enfant sa mère.» Lorsqu'elle souffre davantage, elle est heureuse, car elle croit toucher au but. Les souffrances viennent-elles à se calmer un peu, elle s'attriste en voyant qu'il s'éloigne.

Elle s'est rappelée que S. Joseph est le patron des mourants. « Je l'ai prié de hâter le moment de ma mort... J'ai toujours eu une grande confiance en lui... J'espère qu'il exaucera ma demande. »

*Jeudi 16, et Vendredi, 17 octobre.*

« S. Joseph ne m'a pas exaucée. Vous, ô mon Jésus, venez me chercher. »

On lui dit que plusieurs messes vont être célébrées pour elle.

Elle s'unit d'intention. Puis elle ajoute : « Puissent-elles faire tourner la clef du Paradis ! »

*Samedi, 18 octobre.*

Affaissement physique et moral...

Le délire commence...

Plusieurs fois elle s'est écriée :

« Ma couronne ! donnez-moi ma couronne ! »

*Dimanche, 19 octobre.*

La nuit a été moins agitée.

Le délire a disparu.

« Ma Sœur, dit-elle à la Religieuse, pensez-vous que Notre Seigneur vienne bientôt ? Oh ! qu'il me tarde d'être à lui. »

Malgré son extrême faiblesse, elle lit, selon son habitude de chaque jour, les prières des agonisants.

*Lundi, 20, et Mardi, 21 octobre.*

Les dernières souffrances ont causé des ravages affreux. Le visage s'altère... Les joues se cavent... La bouche s'entr'ouvre... Les yeux sont ternes... La respiration devient de plus en plus pénible...

Elle peut à peine prononcer quelques mots. Elle les adresse à sa mère :

« Chère mère, c'est fini... Je vais mourir... Ne te désole pas... La mort n'est pas si triste... Vous déposerez mon corps auprès de celui d'Alice... Et puis, pense donc, mère, mon âme au ciel ! »

*Mercredi, 22 octobre.*

Le jour tant désiré est enfin venu.

Une messe en l'honneur de S. Joseph a été offerte pour que Dieu appelât à lui cette âme si impatiente de le voir.

L'agonie a été longue.

Bien des fois, la chère enfant a pressé sur ses lèvres l'image du Divin Crucifié, Le suppliant de soutenir son courage et de couronner ses suprêmes combats.

Quelque temps avant d'expirer, elle a demandé à recevoir les derniers baisers de son père et de sa mère.

La mère s'est élevée à toute la hauteur de son sacrifice. Elle était atterrée ; mais, à travers ses larmes, brillait un rayon d'espérance.

« Mon enfant, disait-elle, courage ! confiance ! Bientôt, tu vas voir le Bon Dieu ; bientôt, tu seras avec Alice et grand-papa ; nous espérons tous aller vous rejoindre un jour. »

Nous avons récité les prières de l'agonie, et j'ai donné une dernière absolution. Amélie respirait encore.

Un instant après, vers l'heure de midi, sans secousse et sans effort, son âme se dégageait de son enveloppe mortelle et s'envolait vers le ciel.

L'héroïque mère, à genoux, devant son crucifix, disait à haute voix : « O mon Dieu ! Vous l'avez voulu... Que votre volonté soit faite !... Je vous offre mon troisième sacrifice... Pardonnez à mes larmes !... »

# ÉPILOGUE.

—

Avant de quitter cette mère éplorée, je jetai un dernier regard sur Amélie.

La mort, qui détruit tout, semblait l'avoir épargnée. Elle n'avait point défiguré son visage ; au contraire, elle lui avait rendu sa première beauté. Ses traits étaient revenus : elle semblait sourire ; et l'on eût dit que ses yeux regardaient encore l'image de Jésus crucifié.

La Religieuse qui l'avait assistée pendant sa maladie, l'ensevelit pieusement après sa mort.

Les obsèques eurent lieu le surlendemain. La foule était nombreuse. Elle était venue apporter une prière à celle qui n'était plus, et une marque de sympathie à ceux qui la pleuraient.

Le sang de J.-C. coula, sur l'autel, pour cette enfant qui l'avait tant aimé.

Après la messe, le cercueil fut placé sur le char funèbre. Quatre jeunes filles en blanc se rangèrent à l'entour, et le cortége s'achemina vers le lieu du repos.

Une fosse avait été préparée près de celle d'Alice.

Lorsque le corps y fut descendu ; quand les

prières de l'Eglise furent terminées, et que ces paroles : *qu'elle repose en paix*, eurent retenti ; quand on entendit le bruit de la terre qui retombait ; alors le néant de la jeunesse, de la beauté, de la fortune apparut. Chacun sentait que la vie n'est rien, et estimait Amélie heureuse de l'avoir compris.

Depuis, un monument a été élevé sur sa tombe.

Une grille l'environne. Au haut, on a placé une colonne surmontée d'une croix, symbole de l'espérance. Au bas, on a planté un cyprès, emblème de la douleur.

Sur la colonne on lit ces simples mots :

« ICI REPOSE LE CORPS D'AMÉLIE,

DÉCÉDÉE DANS SA 19me ANNÉE. »

Ces jours derniers, je suis allé revoir cette tombe.

Elle était couverte de fleurs qui étalaient les couleurs les plus riches et répandaient les parfums les plus doux.

Je me suis alors rappelé les paroles qu'Amélie adressait à sa mère :

« La mort n'est pas si triste... Vous déposerez mon corps auprès de celui d'Alice.... Et puis, pense donc, mère, mon âme au ciel ! »

Séez. — Typ. de Montauzé, imprimeur de l'Evêché.